D1696083

Rolf von Hoerschelmann

Das schwarze Bilderbuch

Mit Versen von Alexander von Bernus

Agora Verlag

Kinderbuchprogramm Band 3
Redaktion: Monika Schlösser-Fischer
© by Agora Verlag Berlin · Darmstadt 1978
Alle Rechte vor allem der Reproduktion vorbehalten

Nachdruck der ersten Ausgabe aus dem Jahre 1911
verlegt bei Martin Mörikes Verlag München
Lithografien + Druck: Ph. Reinheimer Darmstadt
Buchbinderische Verarbeitung: Karl Schaumann Darmstadt
Satz: Souvenir light 14/16

ISBN: 3-87008-081-7

Stillgestanden! Aufgepaßt!
Frühling wird es wieder.
Hans und Liese, lacht und laßt
Euch im Grünen nieder.

Dort den Schornsteinfeger den
Seht in Guter Laune,
Auch die Nachbarinnen stehn
Wieder bei dem Zaune.

Alt und Jung heraus heraus
Mit Gesang und Lärmen!
Vogelbauer, Starenhaus,
Und die Bienen schwärmen.

Das Seil von Dach zu Dach gespannt,
Der Seiltänzer der geht gewandt
Die Stange haltend drüber hin. —
Die drunten strecken Nas und Kinn
Nach ihm hinauf, ein Schnauzer bellt,
Sie sprechen: „wenn er nur nicht fällt!"
Der oben mit der Zipfelmütz
Der fragt: wozu ist so was nütz?
Er aber lacht sie alle aus
Und schreitet fort von Haus zu Haus!

Blühe Bäumchen blühe,　　Singe Vöglein singe
Blase Hänschen blas,　　　Laut und immer mehr,
Frühlings in der Frühe　　Schöne Schmetterlinge
Tanzen wir im Gras.　　　Fliegen hin und her.

　　　　Liese bring die Kränzchen
　　　　Und dann mitgetanzt,
　　　　Blase blase Hänschen
　　　　Bis du nimmer kannst!

Dieses sind die Sieben Schwaben.
An dem langen Spieße traben
Sie ein Untier zu erlegen,
Aber sieh, da sitzt ein Has
Und nicht halb mehr so verwegen
Fragen alle: Ist es das?
Und da hat der Has die Sieben
Schwaben samt dem Spieß vertrieben!

In deinem Himmelbette
Wir stören deine Ruh,
O liebliche Nanette
Steh auf und hör uns zu!

Der Mond der viertelrunde
Zieht hin an blauen Höhn —
„In einem kühlen Grunde..."
Wir singens wunderschön

Und blasen um die Wette
Und machen Nachtmusik —
O liebliche Nanette
Gib uns nur einen Blick!

Sieh da seid ihr alle wieder
Aus dem Walde auf und nieder
Tierlein hier vor meiner Hütte,
Wo ich euch das Futter schütte
Und euch all verzaubert habe:
Specht und Eichhorn, Reh und Rabe.
Hexe heißen mich die Leute —
Fliegt und klettert fern und nah,
Bringt mir Wurzelwerk und Kräuter,
Nur der Kater bleibt mir da.

Hier ist der Zirkus Busch zu sehn —
Ist Einer, der nicht weiß um den?

Wer nur recht hinguckt, sieht
Schon selber was geschieht.
Drum ist es gar nicht nötig,
Daß man euch alles sagt,
Der Clown ist wohl erbötig
Und zeigts euch, wenn ihr fragt.

,,Guten Abend, Hans und Liese,
Steht nicht furchtsam und verwirrt!" —
,,Du bist wohl der gute Riese?
Ach wir haben uns verirrt!
Kannst du uns den Heimweg zeigen?
Guter Riese, bitte ja!"
,,Wills wohl tun, doch müßt ihr schweigen,
Daß ihr mich gesehn — mich sah
Niemand mehr seit hundert Jahren,
Still drum! Über alles, was
Man Besonderes erfahren
Spricht man nicht und hütet das."

Zur Vollmondnacht da graben Zwei
Bei Fledermaus und Eulenschrei
Im morschen Burggemäuer hier
Nach altversenktem Schatz voll Gier.
Schon winkt das rote Gold und blitzt,
Wie jubeln sie! — doch hinten sitzt
Noch Einer im verwachsnen Loch,
Den man nur ungern nennen mag;
Er weiß, der Fluch erfüllt sich doch
An ihnen allen Beiden noch
Am Galgen über Jahr und Tag.

Der Ritter reitet zum Turnier
Mit Sattelschmuck und Federzier
Im schwarzen Harnisch hin.
Noch ragt der Speer, der nie zerbrach,
Doch ziehn ihm schon die Raben nach,
Der Totenvogel hockt am Stamm,
Es nachtet schwarz und wundersam
Der Zauberwald um ihn.

An Sommernachmittagen zieht
Man gern hinaus, wo man was sieht,
Wo Alt und Jung spazieren geht,
Wo Sonnenschirm und Schleier weht,
Mit Hund und Pony und Gefährt,
Wo Einer seiner Frau erklärt
Was all zu sehn ist und noch mehr.
Der kleine Hans läuft hinterher
Und freut sich an dem Luftballon,
Bis er ihn heimbringt, platzt er schon!

Ihr Leute hört und seht und staunt,
Hanswurst ist heute gut gelaunt.
Vorm Gasthof Post schart euch zu Hauf,
Sperrt Ohren, Maul und Augen auf.
Herr Engeländer, Lady fein
Stellt nur das Perspektiv recht ein,
Denn hören werdet ihr und sehn
Was nie gewesen und geschehn.
Ich mach es Jeglichem zu Dank —
Sofort beginnt der erste Schwank.

So geht es bei den Wilden zu:
Der Buschmann fängt das Känguruh.
Da wirft ein Affe voll Verdruß
Nach ihm mit einer Kokosnuß.
Dem weggeflognen Papagei
Entfällt vor Schrecken gleich ein Ei.
Der Affe nur, der unten blieb,
Ruft laut den andern: faßt den Dieb!
Der aber macht sich fort im Nu
Und frißt daheim das Känguruh.

Zur Zeit des Blätterfalles im hellen Herbste kehrt
Zur Stadt nach Hause alles was läuft und fliegt und fährt.

Und auch die Schwalben fortziehn. Der Wegweiser spricht: merk,
Nach München geht es dorthin und dort nach Heidelberg.

Das Postpferd trabt so schläfrig, der Postknecht bläst: Ade!
Es träumt der Star im Käfig, Nanette im Coupé.

Die Musikanten ohne zu fragen wandern zu,
Der hoch im Luftballone winkt Euch und Andern zu.

Nun preist mit Hand und Lippe!
Hier unterm Dache, sieh:
Das Kindlein in der Krippe,
Davor die Frau Marie.

Es liegt ein Schein vom Himmel
Um ihre Stirnen her —
Wir ließen das Gewimmel
Der Herden und noch mehr

Und würden alles geben
Nur hier zu knien und knien!
So hell sein wird das Leben
Von nun an wo wir ziehn.